AF480449

किरदार सुनहरे सपनो के

शमीम शेख

Made with ♥ on the Notion Press Platform
www.notionpress.com

This book is dedicated to my daughters Arshiya and Afsheen.

क्रम-सूची

क्रम-सूची

प्रस्तावना

This book is a collection of 32 unique hindi poems on different topics covering the emotions of a common man in his/her day to day life. This book is also about the feelings of people of different strata living across India. Quite a few poems are revolving around patriotism. You will find poems on child rights, Indian Independence Day, Republic day, Holi, Eid, Children's day and Women's day. There are poems on Indian personalities like prime minister Narendra Modi, Film Actor Amitabh Bachchan, Father of Nation - Mahatma Gandhi, great Scientist A.P.J.Abdul Kalam, great actress Alia Bhat, master blaster Sachin Tendulkar, talented actress Kajol, living legend Gulzar Sahab, Bhaijaan of Bollywood- Salman Khan, great Scientist-Albert Einstein. Few poems are on village life and city life. You will also find few poems on the beauty of Nature.

1. बहुत दिनो बाद...

बहुत दिनो बाद आज दिल धड़का है
लगता है चिंगारी सा कुछ भड़का है
बारिश और बादलों से बचकर
ना जाने कब से ये जलता है

बुझे हुए राख में ढूढ़ोंगे तो
सुलगती हुई चिंगारी कहीं मिलेगी
बिखरे हुए मुरझाए फूलों मे भी
थोड़ी सी खुश्बू कहीं खिलेगी!

टूटे दिल में जो आवाज़
दबकर खामोश हो गयी है
उस आवाज़ को भी
नयी परवाज़ कभी मिलेगी!

कभी कभी राहों में खो जाते हैं
इधर उधर जाने कहाँ चले जाते हैं
भटकते भटकते भी कभी
राह कोई नयी मिलेगी!

दिल के किसी कोने में
दर्द नाम की चीज़ रहती है

उस दर्द से भी
कभी तो खुशी मिलेगी!

साँस लेने की आदत तो सबको है
साँस लेते लेते एक दिन साँस रुकेगी
यूँ ही कभी ज़िंदगी भी मिलेगी!

2. शहीद

स्वतंत्रता संघर्ष में
वो लोग जो
हुए थे शहीद
अगर देखते होंगे
आज इस दुनिया को
तारों की आँखों से
या फिर
जिस मिट्टी में वो मिल गये
उसमें खिले हुए
फूलों की आँखों से
तो सोचते होंगे
"वतन के लिए हमने
बे-झिझक जान गँवा दी
नहीं सोचा कभी
आज़ाद होने के बाद भी
नहीं मिलेगी आज़ादी !

घर का आँगन अपने लिए
बचपन से बेगाना था !
एक ही लक्ष्य जीवन का था
हर हाल में आज़ादी पाना था !
गुलामी का ज़हर हम पीते थे

जेलों में ठौर-ठिकाना था !
एक जुनून था एक जोश था
धधकती ज्वाला थी हमारे दिल में
और एक आक्रोश था !

जोश में मदहोश होकर
गोली की होली खेली थी
ले-दे कर अंग्रेज़ो से
आज़ादी हमने ले ली थी !
हमने सोचा था
आज़ादी के बाद
कोई नहीं भूखा रहेगा
कहीं नहीं सूखा पड़ेगा
दूर क्षितिज तक
जीवन उड़ान भरेगा !

आज हम देखते हैं
बड़े बड़े शहरों में बसते
हज़ारों लोग रस्तों पर
आज़ादी के बाद भी
आया नहीं कोई अंतर !

ग़म नहीं इस बात का
वतन के लिए
बदन से हमारे
रंग न लाने वाला खून बहा
पर बहुत दर्द हुआ था जब

शमीम शेख

खुले-आम हमारे ख्वाबों का खून हुआ !

3. ख़त्म नहीं होता सफर

मुझे याद है
कितनी छोटी थी ये दुनिया
जब मैं छोटा था
निकला था जब मैं
अंडे से बाहर
लगता था कुछ विचित्र
अपना नया घर!
सारी दुनिया खामोश थी
मैं भी खोया था
सूने नीड़ में
दूर भीड़ से!

थोड़ा बड़ा हुआ तो
अनुभव नए से मिले कई
दुनिया की सरहदें
न जाने कैसे फ़ैल गयीं

पत्तों के झरोखों से
आकाश की ओर झाँका करता
गगन की ऊँचाई को
मन ही मन आँका करता

जहाँ धरती और आसमान
का मिलन होता था
मैं सोचता था
वहीं पर ख़तम
खुला गगन होता था

जब हवा झूम के आती थी
पत्ते हिल मिल जाते थे
मैं थोड़ा सा डर जाता था
फूल कहीं खिल जाते थे!

वो मौसम बड़ा ही भाता था
जब मोगरा मन महकाता था
जी करता था
हवा के संग उड़ने को
हवा की गति के साथ
मन चाही दिशा में मुड़ने को!

रातों को जब सन्नाटा छाता था,
हर पत्ता हर फूल सो जाता था ,
वे तारे जो बड़ी दूर रहते थे
ख़ामोशी तोड़कर धीरे से कहते थे
'सो जाओ '
तब नींद आकर मुझे
सपनो की महफ़िल में ले जाती थी
जब आँखें खुलती थी
सुबह रौशनी के फूल बरसाती थी

हर रोज़ एक शाम आती थी
जो मुझे बड़े प्यार से बुलाती थी !

मां के कोमल पंखों तले
बचपन के सारे दिन बीत चले!

एक सुबह मैं निकल पड़ा
आसमान को छूने
होता मुझे था गर्व बड़ा
ऊपर ऊपर उड़ने में
दोपहर हुई फिर शाम हुई
पर दिखती ना सीमा कोई
उड़ने लगा मैं रफ़्तार बढ़ा
मुझे और भी जोश चढ़ा
एक पल मंज़िल दिखती करीब
तो दूसरे पल दिखती बड़ी दूर
और अंत में
जब कम हुआ उजाला,
थकान ने मेरी उड़ान पर
पूर्ण विराम डाला!
होने लगी सूरज की मंद रोशनी
तब मैंने अपनी हार मानी
हारी बाज़ी लेकर मैं घर लौटा
दुनिया बहुत बड़ी थी
और मैं बहुत छोटा!

थोड़े दिन बीते

तो पहली हार का
घाव थोड़ा भरा
और नयी आशा लिए
मैं निकल पड़ा
नए सफर के लिए!
पहुँचने वह किनारा
जहाँ पर एक होते थे
अम्बर और धरा

सफर के दौरान
एक मदारी देखा मैंने
एक भिखारी देखा मैंने
एक राही देखा मैंने
एक जुआरी देखा मैंने
एक हाथी देखा मैंने
एक घोडा देखा मैंने
एक भालू देखा मैंने
एक उल्लू देखा मैंने
पर नहीं मिली मुझे
छूनी थी जो रेखा मैंने
और ये बाजी भी हारी मैंने !
चाहता था उड़ान के सहारे
प्रकृती की पहेली को सुलझाना
दुनिया को तो समझ न पाया
जीवन को भी समझा ना !

4. भीखारी

आने वालों जाने वालों
मेरी तरफ देखो न देखो
पर मैं तुम्हारे भारत
का ही भिखारी हूँ
और आज भारत पर भारी हूँ !

तुम हज़ारों मंज़िलें तय करो
पैसे से मधुर प्रलय करो
सुकून नहीं मिलता है फिर भी
और धन संचय करो
दौलत पाकर शोहरत पाकर
जरूर अपनी जय करो !
अपने लिए जीयो अपने लिए मरो
मेरे जैसे तक़दीर के मारो की
दुनिया में कोई कमी नहीं है
जिसे देखकर आज देखो
किसी भी आँख में नमी नहीं है
किसी ने थोड़ी हमदर्दी जताई
तो कह दिया ये दुनिया है भाई
इसमें हम क्या कर सकते हैं
तक़दीर का दिया हुआ घाव है

इसे हम कैसे भर सकते हैं !

ये तुम्हारा कैसा दयालु भगवान है
जो हमारे हर गम से अनजान है
हमारे जीवन का कोई अर्थ नहीं है
दुःख इतना गहरा है की दर्द नहीं है
बहाने के लिए आंसू के दो बूंद नहीं है
सूखे बदन में बाकी ज्यादा खून नहीं है
खोया हुआ जीवन है
नीरस बदरंग निराधार
कल आज और कल में फैला
घना अकेला अंधकार

ऐसे जीवन की रवानी में
हमें नहीं बढ़ाना
एक भी कदम
भिखारी की कहानी
भूख से शुरू हुई
भूख से होगी ख़त्म !

5. चकरी

ऊपर का हिस्सा है काग़ज़ का
और नीचे का है लकड़ी
हैं खड़े हाथ में लेकर देखो
हर लड़का हर लड़की
घूमती है गोल गोल
है नाम उसका चकरी !

चौदह नवंबर के दिन
एक नहीं अनेक होंगे
सोए नहीं सचेत होंगे
बड़े मैदान में खड़े होंगे
चारों ओर चक्कर खाते
चकरी ही चकरी गड़े होंगे !

हर चकरी पर एक नाम लिखा
भारत के बच्चों के नाम लिखा
सत्ता में रहने वालों को
देशवासियों ने फरमान लिखा !

हवा से टकराकर
लगातार चक्राकर
गोल गोल घूमकर

होगा तब निराला अवसर
एक आवाज़ में एक साथ
जब होगा एक ही स्वर !

कहेगी हर चकरी
हक़ चाहिए हमें
हर बच्चे का और बच्ची का
झूठ नहीं चलेगा अब
हक़ चाहिए सच्ची का !

रो नहीं सकता कोई बच्चा
अब सड़क पर नंगा
कर नहीं सकता कोई बचपन से
बेधड़क यूँ दंगा !

एक चक्र तिरंगा में जो
स्वतंत्र भारत का बना प्रतीक
भारत के बच्चों में वो
स्वतंत्रता का कहाँ प्रतीक
सहमा हुआ भविष्य जिनका
छीना हुआ अतीत !

मिलता नहीं कभी
पेट भर खाने को
नहीं मिलता कभी
स्कूल में जाने को !

जब तक नहीं मिलेगा
बच्चों का सब हक़
उनकी आज़ादी के लिए
घूमेगी चकरी तब तक !

6. नारी नाम उपासना का !

माँ के कोख से जन्म लेकर
जब संसार में आता मानव
वह एक होती है नारी
जिससे जीवन है पाता मानव
दर्द सहकर दिन रात जिसने
संभाला अपने गर्भ में
पूरे नौ माह के पश्चात
लाया इस निसर्ग में !

बचपन में बहना संग खेला
साथ मिला, ना हुआ अकेला
हाँ वह है दूसरी नारी
होती जो उम्र भर प्रभावशाली,
भैया के सुखमय जीवन की अभिलाषी
बाँधती है जो हाथो में राखी
सदैव रही जो दुख़ सुख की साथी
बचपन की सुनेहरी स्मृतियों की साक्षी !

फिर होता यौवन का आगमन
प्रिय जो बनती जीवन धन

हाँ है वोही तीसरी नारी
जिसके संग बिताते बाकी जीवन सारी,
बन जाती जो प्रेम की परिभाषा
मधुर जीवन की वो आशा
दुख में दूर करती जो निराशा
करती रहती दिन रात जो मेहनत
पाती नहीं अवकाश जरासा !

घर आई जो नन्ही सी परी
हाँ वही है चौथी नारी
रौशन कर देती है संसार
किलकारियों से खुशहाल परिवार
सुबह से शाम तक
बस खेल खिलौना हँसना रोना
रात हो जाने के बाद
मम्मी-पापा के गोद में सोना !

सम्मान के लायक है हर नारी
बुझती नहीं जो कभी है वो चिंगारी
झेलती रहती है दुख-दर्द सौ
पर जलती रहती जैसे दिए की लौ
है कामना यही नारी दिवस पर
नारी के नाम कर दो, चार पल
है आज जो हर क्षेत्र में अग्रसर
बनकर इंजिनियर, डॉक्टर
खिलाड़ी, टीचर या प्रिन्सिपल !

7. हवलदार

मेरा नाम हवलदार
हवलदार भगत है
भारत का हवलदार हूँ
भारत मेरा जहाँ है
भारत मेरा जगत है

२६ वर्ष उमर है मेरी
दो साल का तजुर्बा है
सामने वाली गली में
अपनी बस्ती है
नहीं अभी तक कोई महबूबा है

इन दो वर्षों में मैने
बहुत कुछ जाना दुनिया से
दुनिया की बातों से
बहुत कुछ पहचाना मैने

एक बार की बात बताता हूँ
आया था एक फरियादी फरियाद लेकर
उसकी कलम की काली श्याही का असर
कुछ लाल रंग सा निकला था
उसके घर पर कुछ गुण्डों ने

कल रात हमला बोला था
किसी अख़बार का लेखक होकर
उसने बात कोई सच बोला था!
हमारे सम्मानित इंस्पेक्टर ने फिर
एफ. आई. आर. उसका दर्ज़ किया
देकर आश्वासन फाइल बंद किया
यह छुटपुट घटना है कहकर
पूरा अपना फ़र्ज़ किया
फिर नहीं कुछ किया गया
कुछ दिनों बाद क्या पता चला?
वह लेखक सचमुच मारा गया!

ऐसे ही एक और घटना हुई थी
एक बार करीब के एक घर में
हज़ारों की चोरी हुई थी
लोगों के शक पर
हमारे इंस्पेक्टर ने
अपनी लाज रखकर
घर के नौकर को पकड़ा
बहुत मारा और बहुत पीटा
कुछ दिनों बाद क्या पता चला?
चोरी का सामान घर में मिला!

तो क्या हुआ मैं हवलदार हूँ
सिर्फ़ अपने काम के लिए ज़िम्मेवार हूँ
इंस्पेक्टर जैसा झूठा नहीं ईमानदार हूँ
एक सच्चा सिपाही कहलाने का हक़दार हूँ

कल ही एक एनकाउंटर में
मेरे दो साथी शहीद हुए
हां मैं बच गया
अगले एनकाउंटर के लिए
कभी होगा भगत सिंग की तरह
ये भगत भी शहीद
अपने भारत के लिए!

8. बूढ़ा पेड़

आज में बूढ़ा हूँ
कभी जवान था
वक़्त मुझपर बड़ा मेहरबान था
मैं हरा भरा था
फूल पत्तों से लदा
बुढ़ापे का एक भी नहीं नामों -निशान था !
खुश था, संतुष्ट था , गर्व था मुझे खुद पर
सोचता में खुद को बड़ा महान था !

सोचता न था कभी ऐसे दिन भी आएंगे
जब शरीर के सभी भाग मुरझा जायेंगे
मुझे अपने वर्तमान पर ही गुमान था
मुझपर चिड़ियाँ अपना घोंसला बनाती थीं
चहकती थीं और गीत गाती थीं
कई लोग मेरी छाया में
अक्सर सो जाया करते थे
देखा ! में कितना दयावान था !
तना था , घना था , हर तरह से बना था
दिन मेरा था रात मेरी थी
मेरी ज़मीन थी मेरा आसमान था !

पर आज मैं बिलकुल खोखला हूँ
न कोई आस है न प्यास है
न विलास ही मेरे पास है
बस किसी तरह आती जाती सांस है
मुझे घायल करने वाला
वक़्त का तीर कमान है
वक़्त की बदौलत यहाँ पर
हर कोई विराज मान है
मेरी ढलती ज़िन्दगी का
वक़्त को सलाम है !

9. मेरे दोस्त बादल

आसमान में धीरे धीरे चलते हैं
जाने किस ओर
जाने कहाँ से निकलते हैं
आखिर मैंने उनसे पूछ ही लिया
भई तुम्हें कहाँ और क्यों जाना है
दम भरकर उत्तर दिया
"दूर बहुत दूर
जहाँ हमें पानी बरसाना है
वहीं हमारी मंज़िल है
वहीं हमारा ठिकाना है
सूरज चाचा से कई दिनों से
नाराज़ जहाँ ज़माना है
जहाँ कभी हरियाली थी
और आज जहाँ वीराना है

हमारे कितने साथी पिछड़ गए
कितने साथी बिछड़ गए
नहीं दूर तक चलती
हमारी यह बेबस दोस्ती
ये चंद पलों का याराना है

धरती पर पानी बरसाकर
हमें फिर से गगन में आना है
तुम्हें तो जीकर मर जाना है
पर हमें यही क्रम
निरंतर दोहराना है
यही हमारा जीवन है
यही हमारा फ़साना है
अच्छा दोस्त अलविदा
अब हमें जाना है "

10. शायर ज़िंदा है

कोई कहता है वो घायल है
कोई कहता है वो अधमरा है
हाँ ज़ख़्मी ज़रूर है लेकिन
हौंस्लों को देखकर जिसकी
मौत भी शर्मिंदा है
हाँ आज भी शायर ज़िंदा है

अब उँची उड़ान भर सकता कहाँ
तिनका तिनका इकठ्ठा कर के
नहीं बना सकता अपना आशियाँ
ख़यालों की उड़ान फिर भी
लेता वो परिंदा है
हाँ शायर आज भी ज़िंदा है

सपनों का महल टूटा है
अपनो का साथ छूटा है
चार दीवारों में बंद है
शीशों से बना घरोंदा है
पर फिर भी शायर ज़िंदा है

आसमान से टूटा तारा है
छूटा बहुत दूर किनारा है
लहरों के बीच फँसा हुआ है
और उमीदें चन्द-चुनिंदा है
जी फिर भी शायर ज़िंदा है

कहानी, कविता, या शायरी
लिखकर ही बसर ज़िंदगी करता
श्याही, कलाम और एक डायरी
के सहारे सफ़र ज़िंदगी करता
कोई ख्वाहिश ना कोई तवक़ुआत
ज़िंदगी से आइन्दा है
हाँ आज भी शायर ज़िंदा है।

11. बचपन की होली !

होली के एक दिन पहले
होती जब होलिका दहन
इकठ्ठा हो जाते हैं
मोहल्ले के सारे भाई बहन !

याद है मुझे बचपन का याराना
वो दोस्तों संग खेलना मौज मनाना
आती थी त्योहार जब भी होली
धूम मचाते जब दोस्त और सखी-सहेली

झुंड में जमा होकर सारे मस्ताने
गुब्बारे लेकर दौड़े जाते दीवाने
फोड़े जाते फुग्गे जब फट-फटाक
फव्हारे उड़ते पानी के छप-छ्पाक

है रंगों का त्योहार ये होली
मिटा दे जो मन की सारी दूरी
नर हो या नारी हो, गोरी हो या साँवली
राधा भी तो कान्हा संग खेली होके बावरी

शमीम शेख

है रंग जीवन में
सुख दुख के अनेक
होली के दिन बांटते ये रंग
जब देते यारों पर फेंक

है ये जो अनोखा त्योहार होली
तन मन से खेलो, करो ठिठोली
धूम मचाओ ना रहो अकेला
याद रहे सदा ऐसे खेलो खेला !

बुराई पर सदा हो अच्छाई की जीत
बाँटो आपस में प्रेम और प्रीत
यादें हैं बचपन की चुलबुली सी
शुभकामनायें आप सब को होली की !

12. रात और दिन

दिन उजाला है रात अँधेरा है
पर रात के अँधेरे में भी एक सवेरा है
वह सवेरा जो रात का उजाला है
जिसे रात ने हमेशा से पाला है
इस रात के सवेरे के बाद
कल सुबह रात होने वाला है!

दिन सफ़ेद है रात काला है
पर फिर भी रात मतवाला है
दिन सूरज की गर्मी है
रात चाँद की नरमी है
दिन कड़वी सच्चाइयों की ज्वाला है
रात सुनहरे सपनों की माला है
दिन शोर से भरा नाला है
रात शांति से भरा प्याला है
दिन उलझन और काम का नाम है
रात सुकून और आराम का नाम है
दिन दुनियादारी का नाम है
रात मीठे सपनों का जाम है
दिन अँधेरा है, रात उजाला है

13. अंजानी पुकार

हर पल हर घड़ी
ज़िंदगी है चौराहे पर खड़ी
नाम के लिए है बस
ज़िंदगी चल रही
क्या ग़लत क्या सही
सूझता ही नही
क्या करूँ क्या नहीं

कहाँ से आती है ये पुकार
कहाँ जाती है ये पुकार
समझना है कठिन अपार
मंज़िल से बुलावा
आता है बारबार
पर किस दिशा से
इस या उस
कहाँ से लगेगा मेरा पार
दिल ने फिर वही बात कही
हर पल हर घड़ी
ज़िंदगी
है चौराहे पर खड़ी

था एक कदम आगे बढ़ाया
की किसीने पीछे से बुलाया
मुड़कर थोड़ा पीछे आया
भुला भटका मैं भर्माया
समय की ये कैसी माया
कैसी अंजानी पुकार लाया
जो समय धारा के साथ बही

हर पल हर घड़ी
ज़िंदगी
है चौराहे पर खड़ी।

14. खुश्बू मेरे गाँव की

तन मन को छूने वाली
है खुशबू मेरे गाँव की
हर साँस जीवित करने वाली
है महक उन फ़िज़ाओं की !
सदियों से बस्ते आए हैं
बच्चे बूढ़े और नौजवान
संघर्ष करते आए है
शिक्षक,व्यापारी,दर्ज़ी,किसान

वर्षा की हो घनघोर घटायें
या ठंडी की हो सर्द हवायें
गर्मी की चिलचिलाती धूप हो
मौसम का कोई भी रूप हो
सहन शक्ति हमारी बढ़ाती
हर ऋतु में जीना सिखाती
याद आती है हमको हमेशा
पीपल के शीतल छाँव की
वो खुश्बू मेरे गाँव की !

वो सुबह सुबह सुनना मुर्गे की बांग
चहचहाहट अनेक चिड़ियों की,
पेड़ों पर गिलहरियों की छलांग

बोली कोयल,बुलबुल,पपिहो की
आँधी में जब गिरते पेड़ों से
जामुन,बेर,आम,बादाम
बच्चे सारे बिनते मज़े से
ज़मीन से या झोला थाम
हां याद आती है हमें
वर्षा ऋतु में तेज़ हवाओं की
वो खुश्बू मेरे गाँव की !

शहरों में रहने वाले
कभी कभी करते रुख़ देस का
शहरी जीवन को सुखमय कहने वाले
क्या जाने सुख देस का
देस में बिताए कुछ पल
स्मृति-पट पर हो जाते अमर
शहरों में होती चहल-पहल
पर देस में जाता है वक़्त ठहर
हाँ याद है हमें
वो कच्ची मिट्टी के घरों के पनाहों की
वो खुश्बू मेरे गाँव की !

15. आमची मुंबई

भारत के कई शहरों से
आते हैं लोग रहने
जाने जाते हैं मुंबईकर
इस शहर के क्या कहने!
कोई पंजाबी कोई गुजराती
कोई मारवाड़ी कोई हिन्दी भाषी
आमची मुंबई के सारे बंदे
अनेक भाषाओं के हैं बाशिंदे!

जिस तरह मिलती है कई नदियाँ
आकर विशाल समुंदर में
उस तरह मिलते है लोग यहाँ
आकर मुंबई शहर में
है दिन चर्या यही लोगों की
मेहनत से भरी जीवन की कसौटी
सुबह से लेकर शाम होती
कमाने के लिए रोज़ी-रोटी

बच्चे मुंबई के खेलते गलियों में
क्रिकेट है इनकी रगों रगों में
तलाशते है जो भविष्य अपना
सचिन जैसे महान खिलाड़ियों में

पाए जाते हैं कुछ ऐसे लोग भी
बचपन बिताते जो करते आवारगी
पर समझदार होते ही संभाल लेते
आपा-धापी से भरी मुंबई की ज़िंदगी

हैं पाए जाते हैं अनेक व्यंजन
मुंबई के सड़कों पर या हो रेस्टोरेंट
पाव भाजी से लेकर मिसल पाव
इडली-सांभर से लेकर वड़ा पाव
थककर कुछ वक़्त साथ बिताते हैं
आफिस के कर्मचारी चाय के दुकान पर
कट्टिंग चाय दे दो भैया बुलाते हैं
चिट-चैटिंग करते सिगरेट का कश लेकर

गेटवे ऑफ इंडिया से लेकर जुहू बीच तक
हाजी अली से लेकर हँगिंग गार्डेन तक
मुंबई के इन जगहों की चमक-धमक
से रहता मुंबई में सदा रौनक
जुहू बीच के डूबते सूरज के दृश्य में
वो सुकून मिलता जो नहीं कहीं विश्व में
हां गुब्बारे ज़रूर खरीदना उन ग़रीब बच्चों से
जो गुज़ारते हैं जीवन मुंबई की सड़कों पे!

16. यादें

समय धारा बहती रहती है
पल पल कुछ कहती रहती है
वह रोके नहीं रुकती है
वह टोके नहीं टिकती है
न थकती है न थमती है
न मुड़ती है न जमती है
पर शेष कुछ छोड़ जाती है
जो बीती यादें कहलाती है।

यादें बहुत पुरानी
हैं आज ज़रा धुंधली
पर है अल्हड़ सुहानी
जैसे झूठ-सच मिश्रित कहानी।

यादें कुछ हैं इस शकल की
सजीव ताज़ा जैसे हों कल की
यादें कुछ हैं ऐसी
जो जब हैं आतीं
अपने साथ उमंगे लाती
मुरझाए दिल भी खिल जाते
धरती अंबर झूम के गाते

हम खुद को यादों में खोया पाते

कुछ यादें कड़वी अनचाही होती हैं
जो अकस्मात मन पर हावी होती हैं
दिल का फूल कुंभला जाता है
जैसे कोई शूल चुभा जाता है

यादें कैसी भी हों
जीने का सहारा हैं
यादों के बिना
सूना जीवन हमारा है

यादों का ये सिलसिला
रहता अंतिम साँस तक जारी
दम टूटते ही टूटती
यादों की श्रींखला
तीखी मीठी कड़वी सारी।

17. चाँद-तारों की महफ़िल

दिन का उजाला चला परदेस
सांझ की दुल्हन आई इस देस
चिड़ियों ने किया अपने निडो मे प्रवेश
सूर्य का मंद प्रकाश ही बचा केवल शेष

ढलते सांझ की बेर
अंधेरे लेते हैं धीरे से घेर
रात के आगमन में नही ज़्यादा देर
फूल और पत्ते चले हैं सोने
नभ से निगाहें फेर

खामोशी ने जब डाला डेरा
साथी की तलाश करता है मन मेरा
गगन में आकर छा जाते हैं
वे तारे जो बचपन से मेरे साथी हैं
एक नहीं अनेक हैं मेरे साथी
रौशन कर जाते दिल की बुझती बाती
ये झिलमिलते, टिमटिमाते, जगमगाते तारे
आख़िर यही तो हैं मेरे जीवन के सहारे
गुमनाम खुशी से ज़िंदगी जाती है महक
जब दिखती है तन्हाई में तारों की झलक

दूर आसमान में चंदा भी लगता है ऐसे
तारों के सँग मेरा ग़म बांटने आया हो जैसे
अकेलेपन ना करो शिकवा कोई
जब तक है चाँद तारों की महफ़िल
क्यूँ करे तलाश मितवा कोई
जब खुद चाँद-तारे ही बहलाते हों दिल !

18. संगीत में बसा अनंत शून्य

कोयल की कूक हो या चिड़ियों का चहकना,
झरनो का शोर हो या लहरों का बहना
पायल की झंकार हो या दिल का धड़कना
हर आवाज़ में जैसे कोई रहा संगीत सुना
ऐसे अनेक मधुर संगीतों से भरा
रहता इस जहाँ का जर्रा-जर्रा
इन संगीतों को सुनने से मिलता अनंत सुकून है
मधुर संगीत में बसा अनंत शून्य है!

अंतर-मन को जब छेडती है कोई धुन
चाहे हो खुशी की या हो स्वर उदासी की
मन में उठती तरंग उस ध्वनि को सुन
चारों दिशाओं को चीरती लहर वाणी की
संगीत में है वो दिव्य शक्ति
है मस्जिद की नामाज़, जैसे पुजारी की भक्ति
किसी अलौकिक अनुभूति से परिपूर्ण
हाँ संगीत में बसा अनंत शून्य!

कृष्ण की बंसी से निकलती थी जब धुन
श्रीष्टि में जब गूँजती थी तरन्नुम
आस पास के लोग और सारे प्राणी
स्वयं ही खींचे जाते ओर उस वाणी
सुनाई देती है जब मस्जिद से आज़ान
वह रूहानी आवाज़ डाल देती है जान
तन-मन में लोगों के जो जूझते हैं
मुफ़लिसी से भरी ज़िंदगी से!

फिल्मों में भी सुनते आए हैं हम गाने
सातों स्वर से सजे चाहे नये हो या पुराने
कोरी लफ़्ज़ों से बने गीतों को
जब संगीत से पिरोया जाता है
सदा बाहर फूल का आकर ले लेते हैं वो
महकते हैं जो विश्व सम्पूर्ण में
हवा में, फ़िज़ा में, कायनात में
अंतरिक्ष के अनंत शून्य में!

19. और बेचारा दिल टूट गया

बचपन के दिन याद हैं
वो बचपन कहाँ छूट गया
संघर्ष से भरे सफर में
जवानी से दिल रूठ गया
और बेचारा दिल टूट गया !

वो बचपन था जब कुछ
खिलौनों से बहलता था दिल
अब दिल से खेलने वालों ने
दिल को खिलौना में कर तबदील
टुकड़ों में बिखेर दिया
और बेचारा दिल टूट गया !

वो मेरे हमदम मेरे सनम
जो याद करते थे हर पल
एक दिन अचानक हो गए गुम
नहीं भूलता अब बीता हुआ कल
खुशियों वाला वक़्त बीत गया
और बेचारा दिल टूट गया !

अब गीत गुनगुनाना पड़ता है
ग़म को भुलाना पड़ता है
कुछ नज्में कुछ शायरी लिखकर
जीवन बिताना पड़ता है
बेवफाई के दलदल में फंसकर
भोला भाला दिल डूब गया
और बेचारा दिल टूट गया !

वही दिन फिर वही रात
फिर याद आती भूली बात
नहीं चाहिए जीवन की सौगात
मौत को लगाना है गले
जीवन से दिल ऊब गया
और बेचारा दिल टूट गया !

20. विकास पुरुष - नरेन्दर मोदी

सत्रह सेप्टेंबर का है आज शुभ दिन
भारत के विकास पुरुष का जन्म दिन
है सटीक और सुदृढ़ जिनकी विचारधारा
कर रही प्रवाहित निरंतर जीवन हमारा
है आज राम राज, सरताज भारत के
ईश्वर हैं, अल्लाह हैं, नाज़ भारत के
जग जीत के कहलाता था वो सिकंदर
दिल जीता जिसने है वो नरेन्दर

था बचपन जिनका बीता अत्यंत ग़रीबी में
हैं आज वो दुनिया के सुप्रसिधों के करीबी में
ना कपट ना कोई द्वेष जिनके मन में
हैं बसते जो भारत के जन जन में
हैं पशु प्राणी भी आनंदित जिनके प्यार से
हैं पाक साफ दामन जिनका भ्रष्टाचार से
हैं राजनीति सीखते हम सब उनसे
अर्जुन ने जैसे सीखी रणनीति द्रोणाचार से

रेलवे के प्लॅटफॉर्म पर
बेचते थे जो केटली में चाय
आज सिखा रहे हैं वो
देशवासियों को रोज़ नया अध्याय
देखकर जिनकी सुंदर सफेद लंबी दाढ़ी
प्रतीत होता है जैसे हों गुरु कोई
और ध्यान मग्न होकर सुनते हम अनाड़ी
जैसे हो बच्चों की क्लास शुरू कोई

है जन धन योजना का लाभ उठा रहे कोटि कोटि
है जी.एस.टी. से खुश बड़े व्यापारी और दुकानें छोटी मोटी
है दर्ज़ करा रहे हम रेकॉर्ड, देकर वॅक्सिनेशन का डोज़
है ओलंपिक्स और अन्य खेलों में नाम कमा रहे हर रोज़
हैं मोदी जी जब तक बने हमारे मार्ग दर्शक
नहीं पराजय और निराशा से रिश्ता कोई दूर तक
जो देश की भलाई के लिए सदा बहा रहे खून-पसीना
हो लंबी उम्र आपकी मोदी जी हमारी है यही कामना।

21. सरहद के सिपाही

सन उन्नीस सौ सैंतालिस में
ये भारत देश आज़ाद हुआ
भारत के अनेक वीरों की
बेलोज़ कुर्बानी के बाद हुआ
महात्मा गाँधी ने जब देश व्यापी
किया था आंदोलन शुरू
फाँसी पर चढ़कर हुए शहीद
भगत, सुखदेव, और राजगुरु
उन सरफरोशों के बाद भी
अगर भारत आज़ाद है आज भी
तो इसलिए के हैं सलामत
हम भारत के सरहद के सिपाही !

भारत माँ के हैं हम बेटे
आँच नही कभी आने देते
सरहद के सिपाही हम कहलाते
वतन के लिए मर मिट जाते
दुश्मन की गोली से छ्लनी
चाहे हो जाए छाती अपनी
खून का आखरी क़तरा बहता
कहता रहता रंग दे बसंती

आतंकियों ने गर किया प्रहार
हम रहते हैं सदा तैयार
वो पार नहीं करते सरहद की लकीर
जब तक हैं ज़िंदा भारत के वीर
उरी हो, पठानकोट या हो कश्मीर
सचेत और सतर्क हैं हम रणवीर
सरहद के सिपाही हम हिन्दुस्तान के
खड़े हैं 56 इंच सीना तान के !

चाहे हो जंग दुश्मन से छिड़ी
या देश पर कोई आपदा आ पड़ी
मुस्तैद रहते हम हर घड़ी
न्योछावर करने खुद को
पुकारती है जब देश की धरती
है यही ख्वाहिश करते हम सिपाही
हो लाश हमारी तिरंगे में लिपटी
वतन की दो मुट्ठी भर मिट्टी
में समा जाए हम देकर आहुति !

22. महात्मा गाँधी

आज है देश के बापू की जन्म तिथि
जिस महा पुरुष ने लाया देश में जागृति
है संपूर्ण भारत गाँधी जी का ऋणी
बापू के उपदेश हैं हमारी अमोल निधि
याद हम को हैं वो भी भारत के लाल
है आज उन महान पुरुष का भी जन्म दिन
जिनके जीवन की ज्योति बनकर मशाल
आज भी जल रही दिलों में प्रति दिन
एक महात्मा थे और दूसरे लाल बहादुर शास्त्री
एक थे महान क्रांतिकारी तो दूसरे हमारे प्रधान-मंत्री!

1920 में बापू ने ही किया प्रारंभ
समूचे भारत में असहयोग आंदोलन
अँग्रेज़ी सामान का बहिष्कार हो चला
जब चप्पे चप्पे पे चरखा चला
1930 में दांडी मार्च का लाया सत्याग्रह
नमक क़ानून का देश व्यापी विद्रोह कर
तोड़ा अँग्रेज़ी प्रशासन का पूर्वाग्रह
दांडी में बापू ने नमक हाथों में लेकर
छा गये वो देश के जन-जन के होठों पर

1942 में जब गाँधी ने शुरू किया
अंग्रेज़ो भारत छोड़ो आंदोलन
भारत के हर शक्स ने पूरा सहयोग दिया
विशेष से लेकर देश के जन-साधारण
आख़िरकार 1947 में बापू के बरसों के आंदोलन
और देश व्यापी संघर्ष और मेहनत के फलस्वरूप
सारे भारत में लहराया तिरंगे का परचम
छट गयी बरसों से चल रही कुशासन की धूप

है अहिंसा का पाठ जिसने हमको पढ़ाया
खुद चन्द कपड़ों में रहकर देश के
नंगे-भूखों के लिए कुछ कर गुज़रना सिखाया
बनो हमदर्द उनके जो हैं रास्तों पर बसते
स्वच्छता और सच्चाई में ही भगवान है बसते
बुरा ना देखो, बुरा ना सुनो, बुरा का करो
और देश की आज़ादी के लिए 'करो या मरो'
है नम आँखें बापू आज आप के लिए
अपने जो भी पल जिए, वो थे देश के लिए!

23. सदी के महानायक -अमिताभ बच्चन

आज है सदी के महानायक का जन्म दिन
हिन्दी फिल्म जगत के परिचायक का जन्म दिन
कहलाता है जो छोरा गंगा किनारे वाला
महान कवि हरिवंश राय का वंश चलाने वाला
जो चर्चित हुआ एंग्री यंग मॅन के नाम से
प्रभवित हो गये हम सारे जिनके काम से
है अनोखा अभिनय उन महान शख्शियत का
है ओर ना कोई छोर जिनकी क़ाबलियत का
अमिताभ बच्चन है नाम जिस शख्शियत का!

आगाज़ किया अपना सफ़र 'सात हिन्दुस्तानी से'
और आज छा गये हैं हर एक हिंदुस्तानी पे
कौन भूल सकता है वो दोस्त 'आनंद' का
फिर ज़ंजीर में रोल एंग्री यंग मॅन का
जया जी के साथ फिलमाया 'अभिमान' का किरदार
और भावुक कर देने वाली वो फिल्म थी 'दीवार'
मशहूर हुए जिस मूवी से वो फिल्म था 'नमक हराम'
और शोले के साथ ही पा लिया सूपर-स्टार का मुकाम!

छोरा जो खैके पान बनारस वाला
पीला दिया सबको मधु रस से भरा प्याला
थी ना 'मधुबाला' ना ही कोई 'मधुशाला'
पर अभिनय से मस्ती का मय सबको पीला डाला
फिल्मों के लंबे सफ़र का 'सिलसिला'
थमा नही अभी तक वो 'कालिया'
रहा है हर किसी से 'याराना'
'मजबूर' हो या कोई हो 'शहंशा'
हर आम-ओ-ख़ास से रहा 'दोस्ताना'

है हम सबको अमिताभ जी का वास्ता
पहला और यही है 'आखरी रास्ता'
लाया है जो उन्होने अभिनय से सैलाब
उनके फिल्मों से आने-वाले सन्देशों को
फैलाओ हर ओर, ओर ला दो 'इंकलाब'
शोले के जय की क़ुर्बानी ना जाए ज़ाया
फिर ना हो जीवन सूना जैसे थी शोले की जया
हर गब्बर से लो टक्कर बीरु बनकर
और ठाकुर को विजय की राह पर करो अग्रसर
शीघ्र ख़तम हो अगर हो व्यथा कोई आपकी
पूरी हो हर ख्वाहिश छोटी बड़ी आपकी
दीर्घ आयु हो अमिताभ बच्चन जी आपकी !

24. ए.पी.जे अब्दुल कलाम

तमिल नाडु के रामेश्वरम का था वो पावन स्थान
जहाँ जन्में थे हमारे महानतम ए.पी.जे अब्दुल कलाम
वालिद जैनुलअबदीन और आशियांमा था वालिदेन का नाम
3 भाइयों और 1 बहन में सबसे छोटे थे अब्दुल कलाम
कलाम के करीबियों में थे बहनोई जलालुद्दीन
और जिनसे मुतासिर हुए थे वो थे भाई संसुद्दीन
वालिद करते थे गुज़ारा रामेश्वरम से चला कर कश्ती
और भाई के साथ बेचकर अख़बार कलाम चलाते गृहस्थी

याद रखते हैं हम न्यूटन के सारे नियम
या आइनस्टाइन का रेलेटिविटी वाला सूत्र बहुमूल्य
कलाम ने लहराया जग में भारत का परचम
अंतरिक्ष विग्यान में कर योगदान अभूतपूर्व
परिंदों की उड़ान को देखकर बचपन में
ए.पी.जे अब्दुल कलाम सोचते थे बचपन में
एक दिन में भी भरँगा उँची उड़ान
और बुलुंद हौसलों से छू लूँगा आसमान

ए.पी.जे अब्दुल कलाम ने मिलकर विक्रम साराभाई के साथ
दिए भारत को रॉकेट्स और मिज़ाइल्स के सौगात

एस.यल.वी और मिज़ाइल्स से भारत ने बढ़ाई ताक़त
अपनी
'रोहिणी', 'त्रिशूल','आकाश', 'पृथ्वी' औरआख़िरकार सफल
हुई 'अग्नि'
सारे विश्व में कर दिया भारत का नाम रौशन
कलाम को मिला पद्मा भूषण और फिर पद्मा विभूषण
कलाम थे सादा जीवन उच्च विचार की जीती-जागती
मिसाल
हम सब को याद है उनका मासूम सा चेहरा और स्टाइलिश
बाल

वो कलाम नही थे वो 'कलम' थे जिन्होने लिखी
भारत की चमकीली किस्मत विजय गाथा से भरी
1997 में भारत रत्ना से हुए सम्मानित
2002 में भारत के राष्ट्रपति हुए निर्वाचित
कलाम करते थे बच्चों से प्यार बहुत
रहेंगे वो सारे भारत वासियों के प्रेरणा स्रोत
थे कलाम महान इंसान और रहेंगे सदा प्रेरणादायक
हैं वो परम पुत्र भारत के और हमारे महानायक!

25. हम बच्चे हिन्दुस्तान के !

वर्तमान हैं भारत के
और भविष्य हिन्दुस्तान के
जोश सदा ही हाइ हमारा
हम बच्चे हिन्दुस्तान के!

स्कूल जाते हम बस्ता लेकर
देश संभाले हैं कंधों पर
है कलम हाथों में लिए
सुंदर सपने आँखों में लिए !

खेलना और करना अभ्यास
हर वक़्त करते हैं प्रयास
शत प्रतिशत सफल रहने का
है अंदाज़ हमारा रहो बिंदास !

लूका-च्चिपी, बॅडमिंटन या हो क्रिकेट
हैं पसंद हमें ये खेल बहुत
गीली-डंडा, कंचे खेलना और उड़ाना पतंग
हार जीत कर और खेल कूद कर बिताते जीवन !

गुड्डा गुड़िया, बोलने वाली चिड़िया या कोई टेडी बेर
यही सब है हमारे खज़ाने और अनमोल जेवर
है मुस्कान पे हमारे हो जाते सारे न्योछावर
मासूमियत ही हमारी है अदा और हमारा हुनर !

है चित्रकारी में दिखती कलाकारी हमारी
कभी आर्टिस्ट, कभी साइंटिस्ट तो कभी खिलाड़ी
बनने का सपना देखते हम बचपन से
भारत का भविष्या लिखेंगे अपनी कलम से !

हमें दुनियादारी से नहीं कोई मतलब
इसलिए ना करना कभी जवाब हमसे तलब
हम फूल हैं जो महकते ही रहते हैं
दुनिया हो अस्त-व्यस्त हम मस्त ही रहते हैं !

26. वन्दे मातरम!

देश की आज़ादी के लिए
हज़ारों सेनानी कुर्बान हुए
था नारा उनका भी और है हमारा भी
जब तक ज़िंदा हैं इस जहाँ में हम
बंदे भारत के कहते रहेंगे वन्दे मातरम !

है विविधता भारत की पहचान
कोई हिन्दू तो है कोई मुसलमान
सिख और ईसाई भी बसते यहाँ पर
है अनेक मज़हब से सजा हिंदुस्तान
विविधता में एकता से हम हुए शक्तिमान

हिंदी है, मराठी है, बंगाली है
गुजरती है, तामिल है, मलयाली है
अनेक भाषाओं से देश गौरवशाली है
शहरों की चकाचौंध के साथ-साथ
गावों के खेतों की भी हरियाली है

भारत की मिट्टी में वो खुशबू है
जिससे ऊर्जावान होती हमारी आरज़ू है
उस मिट्टी में जो फसल है लहराती
उससे ही तो हमारी तिरंगा है इतराती
सोने की चिड़िया भारत मां कहलाती

सरहद पे जवान लड़ते-लड़ते क्यों हो जाते हैं शहीद
इसलिए की भारत की पावन मिट्टी में मिलकर
भारत की आन,बान,शान और बन जाएं अजर उम्मीद
हर एक आहुति जला देती है हमारे दिल में मशाल
वन्दे मातरम कहकर जब दम तोड़ जाते भारत के लाल !

27. मुकम्मल मौत

वो मिलने आ ही गए, मेरे मरने के बाद
चलो मौत का आना भी मुकम्मल हुआ !

सारी फ़िज़ा में तुम्हारी खुशबू फैल गई जैसे
किसी वीराने से कीचड़ में खिला कमल हुआ !

तो क्या हुआ मेरे मौत के बाद ही हुआ
चलो तुमसे मिलने का मनसूबा तो सफल हुआ !

मैं अकेला था इस वीराने में जैसे
मेरे ख्वाबों का टूटा हुआ महल हुआ !

अब तुम ही किनारा बन जाओ मेरी कश्ती का
डूबने के बाद ही सही हासिल साहिल हुआ !

जिस मिट्टी में दफनाओगे तुम मुझे उस में
यक़ीनन देखोगे एक दिन उपजा फसल हुआ !

याद करना मुझे और मेरे गजलों को
हां पूरा आज मेरा अधूरा सा कल हुआ !

एक आंसू भी बहा दोगे अगर तुम
सार्थक मेरी मौत का भी पल हुआ !

28. जन्म दिन मुबारक हो - आलिया

अनेक नवीनतम फिल्मों में
खूबसूरत किरदार जिसने दिए
जानी जाती हैं जो अपने
आला अभिनय के लिए
नाम है उनका आलिया
उत्तम अभिनय से तुमने
आज सर्वोत्तम मुकाम पा लिया
जन्म दिन बहुत मुबारक हो आलिया !

गंगू बाई कथियवादी का रोल
वाह, क्या निभाया है आलिया ने
दमदार और असरदार अभिनय से
सबको लुभाया है आलिया ने !
फिर गली बॉय में तुमने
छोटे से रोल में भी
क्या क्लास दर्शाया है आलिया ने !
'मर जाएगा तू' डाइलॉग
हर ज़ुबान पर लाया है आलिया ने

राज़ी में सहमत बनी तुम
और बन गयी जासूस हिन्दुस्तान की
इक़बाल की बीवी बनकर हर जज़्बात को
तुमने की महसूस पाकिस्तान की !
सहमत नहीं थी वो हिम्मत
और अदम्य साहस हिन्दुस्तान की !
मोहब्बत-ए-वतन को परिभाषित कर 'राज़ी'
बनी कहानी भारत के बेटी के बलिदान की!

'डियर ज़िंदगी', 'हाइवे' या हो 'उड़ता पंजाब'
हर फिल्म में अभिनय रहा तुम्हारा लाजवाब
'बद्रीनाथ की दुल्हनिया' या हो 'स्टूडेंट ऑफ द यियर'
घायल हुए, कायल हुए, अभिनय से तुम्हारे डियर
हमारे दिल में तुम हर वक़्त हो
क्यूट से स्माइल पे फिदा है हर शक्स
चाहे वो फिर कितना भी सख़्त हो
एक बार फिरसे जन्म दिन मुबारक हो
रहो सलामत उम्र तुम्हारी क़यामत तक हो!

29. हॅपी बर्थ-डे मास्टर ब्लासटर सचिन तेंदुलकर!

हमें याद है वो बचपन के दिन
खेलते थे जब क्रिकेट प्रति दिन,
प्रेरणा स्रोत होते हम सबके सचिन
बदनाम थे सारे मोहल्ले की गलियों में
और बिताते थे छुट्टियां हम गिन गिन
है आज उस महान खिलाड़ी का जन्म दिन
क्रिकेट जगत के सम्राट कहलाते जो सचिन!

हम जब भी मारते थे चौका या छक्का,
सचिन ही होते हमारे मन में और ज़हन में,
कोई भी खिलाड़ी हो कच्चा या पक्का !
सिर्फ़ 16 साल की उम्र में ही
खेला मॅच पहला सचिन ने,
और मारा पाकिस्तान के हर बोलर के
नहले पे दहला सचिन ने!

वन डे हो, टेस्ट हो, या हो ट्वेंटी ट्वेंटी
हर बोलर की गुम कर देते सिट्टी-पिट्टी,
शेन वॉर्न हो या हो सक़लैन मुस्ताक़
हर बोलर का तोड़ रहता सचिन के पास,

कट्लीं अंबरोस हो या हो कोट्नीं वॉल्ष
फास्टर से फास्टर बोलर रह जाते अवाक!

शुरूआत की थी कपिल और अज़हर के साथ,
जल्द ही महान और दिगगज़ खिलाड़ियों में
हो गये शामिल, सचिन अपने हुनर के साथ
रही उनकी जोड़ी यादगार और देखने लायक
कप्तान दादा सौरव गांगुली के साथ
जाने जाने लगे सचिन दुनिया के सबसे घातक
ख़तरनाक और विनाशक ओपनिंग बल्लेबाज !

2011 में सचिन ने किया वर्ल्ड कप अपने नाम
रहते हैं अब वो हमारे दिलों में सुबह और शाम
सचिन हुए सम्मानित अर्जुना अवॉर्ड, खेल रत्ना
पद्मा श्री, पद्मा विभूषण और फिर भारत रत्न से,
नहीं पूरा होता उनका परिचय किसी शायर की कलम से!
जन्म दिन की अनगिनत शुभकामनायें सचिन को
हम सब की उम्र लग जाए तुम्हें यही है दुआ दिल से!

30. ईद आने वाली है...

कुल 30 रोज़े रखने के बाद
कल चाँद नज़र आने वाला है
इफ्तारी का वो ख़ज़ूर का स्वाद
कल शाम से जाने वाला है
खिजा में भी बाहर छाने वाली है
हाथों की मेहंदी रंग लाने वाली है
हाँ सुनो ईद आने वाली है..

हर रोज़े से कुछ सीखा है हमने
हाँ भूखा रहकर देखा है हमने
जो नंगे भूखे हैं हमारे वतन में
कितना किया उन्हें अनदेखा है हमने
है गुज़ारिश हर किसी आमो-ख़ास से
रोज़े ने किया वाकिफ़ भूख और प्यास से
इसलिए की ग़रीबों का समझो दुख-दर्द
करो दिल खोलकर इमदाद और बनो हमदर्द!

कल जब चाँद दिखेगा आसमान में
कुछ बेवतनों को याद आएगा वतन
आँखों से होकर प्यार से भरा प्रकाश
चाँद से टकराकर पहुँच जाएगा वतन
चाँद मुबारक का पैगाम चाँदनी से

खुद-ब-खुद पहुँच जाएगा वतन
और मुस्कान से उनकी महक जाएगा चमन

बाज़ार में सेवइयों की कई दुकान होगी
ईद वाले दिन हर तरफ क्या शान होगी
नमाज़ के बाद हम मिलेंगे सब गले
और भूल जाएँगे पुराने शिकवे-गिले
ईदी मिलेगी सारे बच्चों को बड़ों से
पूरी होगी तमन्ना जो थी इतने दिनों से!
ईद सारे रंजों-गम भुलाने वाली है
हाँ हमारी प्यारी ईद आने वाली है...

31. जन्म दिन मुबारक हो - काजोल

1993 की फिल्म थी वो बाज़ीगर
जिसमे साँवली सी एक मासूम लड़की थी
दर्शको पर ढाया था उसने कहर
फिल्म जगत में चिंगारी सी भड़की थी
हां सही कहाँ तुमने वो काजोल ही थी
जिसने हर शक्स पर काला जादू करदी थी !

किसीने दिल की बाज़ी जीता दिल हार कर
काजोल के अभिनय से छा गया बाज़ीगर
शाहरुख के साथ की काम की सफल शुरूवात
करन-अर्जुन और डी-डी-यल-जे से बन गयी बात
शाहरुख के साथ बन गयी जोड़ी अनोखी और ख़ास
दोनो की जोड़ी ने रचा कई फ़िल्मो में इतिहास !

फिर एक्टिंग के सम्राट अजय से जब 'इश्क़' हुआ
तो सबने कह दिया 'प्यार किया तो डरना क्या'
अजय को काजोल की आखों में खोना ही था
और आख़िरकार बे-इंतेहा 'प्यार तो होना ही था'
अजय डूब गये काजोल की गहरी आँखों में

और हो गये गुम काजोल की सुनेहरी यादों में!

सूपरहिट रही 'कुछ कुछ होता है' और 'दिल क्या करे'
हम सब आपकी अदा पर फिदा और 'फ़ना' होते रहे
फिल्म दुश्मन में निभाया जुड़वा बहनो का किरदार
निखरती गयी हर फिल्म से खूबसूरत काजोल बेशुमार
काजोल जी, जन्म दिन की ढेर सारी शुभकामनायें और प्यार
जियो हज़ारो साल ना हो कभी खुशियाँ तुमसे बेज़ार
दिल जीत कर हमारा तुम बन गई सच में बाज़ीगर!

32. बचपन का सफ़र!

भटकते हैं यहाँ से वहाँ दर-ब-दर
सुकून और मंज़िल की खोज में
मशगूल हो गये इस जहाँ में ये भूलकर
के सुकून तो मिलेगा बस माँ की गोद में !

या फिर बचपन की उन गलियों में
जहाँ फिरते थे हम आवारा बनकर
उस बगीचे के फूल और कलियों में
जहाँ मंडराते थे हम भँवरा बनकर

आँगन के उस मिट्टी और घने घास में
रहते थे जहाँ तितलियों की तलाश में
जब खो जाता क्रिकेट का गेंद झाड़ियों में
खोज निकालते उसे घंटों या घड़ियों में !

अब वो अनूठे विजय के एहसास कहाँ
जीवन है जैसे आडंबर और उपहास यहाँ
दोस्तों पर मर-मिटने का जस्बात कहाँ
जवानी में बचपन की वो बात कहाँ!

दिन भर खेलना और शाम को लौटना घर
थककर फिर माँ की गोद में रखना सर

फिर सो जाना कुछ पाठशाला की पढ़ाई कर
सुकून से सराबोर था बचपन का सफ़र!

घूमते-फिरते हैं अब निरुद्देश्य इस कदर
कभी इस शहर तो कभी उस शहर
लगती है ज़िंदगानी गमगीन और गुमशुदा
लौटा दो ज़िंदगानी बचपन की या खुदा!

33. परिश्रम ही पूजा है!

आज सुबह मंदिर पहुँचकर जब
माँ और मैने की पूजा अर्चना
हर दिन जैसे ही अच्छा लगा सब
मंदिर में भजन और कीर्तन सुनना
माँ ने चढ़ाई पूजा की थाली
और प्रार्थना कर हम लौट रहे थे
उतरकर जब सीढ़ियाँ मंदिर वाली
6-7 साल का एक बच्ची सीढ़ियों पर
दिखी बेचते हुए गरमा-गरम मूँग-फली
और चन्द माह का भाई उसका सोता हुआ पड़ा था
उसके कारीब, रात के सन्नाटे में खड़ी वो अकेली
ले जाओ मैया और भैया कुछ मूँग-फली
कहती वो हमसे भोली-भाली मासूम सी कली
20 रुपये के दो पूडिया खरीदे उस गुड़िया से
जो पथराई आँखों से बिना कुछ कहे बोली
मंदिर में तुम चढ़ाते हो रोज पूजा की थाली
पर रह जाती है खाली रोज हमारे अन्न की थाली,
और आधी या खाली ही रहती नन्हे भाई के दूध की प्याली
मन पर बहुत पैना और मार्मिक सा प्रहार हुआ
उस बच्ची की निगाहों से दिल पर ऐसा वार हुआ
क्यूँ हज़ारों लाखों इस दुनिया में बेसहारा और बेघर हैं

नंगे भूखे इन लोगों को दो जून की रोटी भी नही मयस्सर
है
ऐसा लगता है अधूरी रोज हमारी प्रार्थना और पूजा अर्चना
है
जब तक उस बच्ची जैसे लोगों का जीवन इस कदर सहमा
है
दिन रात मेहनत करने वाले ऐसे हज़ारों लाखों मजदूर हैं
धूप, बारिश, ठंड में जो घोर परिश्रम करने को मजबूर हैं
जतन और संघर्ष के सिवा, जीवन में न कोई उपाय दूजा
है
हां सच कहा है किसी महा पुरुष ने परिश्रम ही पूजा है।

34. कर लो चाँद फ़तह!

14 जुलाइ २०२३ को चंद्रयान ने
भारत के सपनों की उड़ान ने
इसरो वैज्ञानिकों की सूक्ष्म विग्यान ने
जब किया प्रक्षेपण भारत की ज़मीन से
देशवासियों की दुआएं ले उड़ा पूरी गति से
झूम उठा सारा हिन्दुस्तान खुशी से!

वायुमंडल को चीरता हुआ
चंद्रयान-3 निकला गरजता हुआ
40 दिनों का लंबा सफ़र तयकर
चंद्रयान से बिच्छड़कर
सारे जग पर फ़तह कर
चाँद की उँची-नीची सतह पर
उतरेगा विक्रम संभल-संभल कर
फक्र से उँचा होगा सर
धड़कन हमारी जाएगी ठहर!

हर हिन्दुस्तानी होगा उर्जावान
हमारे रगों में होगी प्रवहमान
हर्षो-उल्लास की नयी लहर!
लहराएगा जब तिरंगा चंद्रमा पे
भर जाएगा मन गौरव और गरिमा से

नन्हा सोता था सुन लोरी चंदा मामा पे
खुश होता था सुन लोरी चंदा मामा पे
अब सुनेगा, विक्रम का कारनामा चंदा मामा पे
जब रचेगा, विक्रम इतिहास चंदा मामा पे
कवि लिखते थे कविता और कथा चंदा मामा पे
अब लिखेंगे विक्रम की शौर्य गाथा चंदा मामा पे

प्रग्यान करेगा सारे चाँद का निरीक्षण
पृथ्वी से हम करेंगे चाँद का परीक्षण
विक्रम का पराक्रम देखेगी दुनिया
'जय हो' की आवाज़ से गूंजेगी दुनिया!
भारत के प्रतिभाशाली वैज्ञानिको को सलाम है!
भावुक और गौरवशाली आज पूरा हिन्दुस्तान है!
सफल ना भी रहे विक्रम तो भी आप पर हमें अभिमान है!

35. जन्म दिन मुबारक हो - माही

आज है क्रिकेट जगत का शुभ दिन 7 जुलाइ
विरोधी बोलेर्स की, की थी जिसने जमकर धुलाई
जन्मे थे जब धोनी, भारतीय क्रिकेट के बाहुबली
क्रिकेट जगत में 2004 से लाया जिसने खलबली

राँची, बिहार का है वो भारत का वीर सिपाही
क्रिकेट जगत के बादशाह, जिनका हर अंदाज़ है शाही
थाला कहो, कॅप्टन कूल या कहो उन्हे माही
विकेट कीपिंग और बल्ले से लाया जिसने तबाही !

2007 के टी20 विश्व कप में,
माही का जलवा देखा हम सब ने
लंबे बालों वाला वो नया नवेला खिलाड़ी
जिसने भारत को अभूतपूर्व सफलता दिलादी !

2011 में आई वो शुभ और सुमंगल घड़ी
जब ओ.डी.आई विश्व कप जीतकर
माही ने हासिल की कामयाबी सबसे बड़ी
याद है अंतिम बोल पे माही का वो शानदार छक्का

छोड दिया हमारे स्मृति-पट पर अमिट निशान पक्का !

पहली मुलाक़ात में ही हमारे माही ने
दिल हारकर जिससे 'आई लव यू' बोल दिया
नाम था उनका साक्षी, जिसने नही बक्शी
माही को बचपन से ही क्लीन बोल्ड किया !

2013 में माही ने जिताई आइ.सी.सी चँपियन्स ट्रोफी
तीन आइ.सी.सी ट्रोफी बस इतना नही था काफ़ी
10 बार आइ.पी.यल फाइनल में पहुचकर
और 5 बार आइ.पी.यल फाइनल जिताकर
सी.यस.के को सिंहासन पर किया विराजमान
इस तरह धोनी ने आइ.पी.यल में भी
स्थापित किया अपना वर्चस्व और कीर्तिमान

पहला 2008 का आइ.पी.यल जिताकर
फूँक दी सी.यस.के टीम में जान
और उतना ही खूबसूरत रहा
2023 आइ.पी.यल का अंजाम

अनुकूल परिस्थिति हो या हो परिस्थिति प्रतिकूल
कॅप्टन कूल ने स्लॉग ओवर्स में
क्या खूब नियंत्रड का परिचय दिया !
मैदान के सभी क्रिकेट लवर्स ने
धोनी की दीवानगी का मदिरा पिया,
कभी हेलिकॉप्टर शॉट तो कभी स्ट्रेट सिक्स

शमीम शेख

दिलकश माही ने जब जड़ दिया!

जन्म दिन मुबारक हो माही आपको
सँजो कर रखेंगे उन क्रिकेट के पलों को
जो आपने हमें तोहफा दिया
क्रिकेट फँस के तरफ से
तहे दिल से आपका शुक्रिया !

36. पैगाम

खुद से ही ना खुद को खफा कीजिए
जनाब अपने दिल को थोड़ा बड़ा कीजिए!

रोता है वो बच्चा अकेला सड़क पर
किसलिए ये भी तो गौर ज़रा कीजिए!

हर किसी को नीचा दिखाने में लगे हो
अरे खुदा से भी तो थोड़ा डरा कीजिए!

दूसरों में कमी खोजने से अच्छा है
अपने हुनर को और बेहतर करा कीजिए!

दोस्तों में ना रहो खोटा सिक्का बनकर
अपने सच्चे दोस्तों से प्यार खरा कीजिए!

अपनी माशूका के लिए दीवाने बने फिरते हो
माँ के लिए भी तो कुछ वक़्त गुज़ारा कीजिए!

ईद में दोस्तों और दुश्मनो से गले मिल कर
गीले-शिकवों को दिल से नौ दो ग्यारा कीजिए!

अपना गम भूलने के लिए कभी कभी यूँही

शमीम शेख

किसी अजनबी को ही दोस्त कहकर पुकारा कीजिए!

37. जन्म दिन मुबारक हो, गुलज़ार साहब

तारीख थी वह 18, ऑगस्ट का महीना था
और वो स्थान पाकिस्तान का गाँव दीना था!
जन्मे थे जब शब्दों के जादूगर गुलज़ार
जिन्होने दिए हमें गाने कई सदाबहार!
बचपन में जो पौधा पाकिस्तान में बसता था
वह एक गुलज़ार था, हिन्दुस्तान का गुलदस्ता था!

स.डी.बर्मन के साथ शुरू किया जब सफ़र गुलज़ार ने
तो सराबोर हो गया भारत, उनके गीतों के बौछार में!
मोरा गोरा रंग लैले, मोहे श्याम रंग दैदे, इस गाने ने
सब के दिलों को छू लिया पहले ही गीत के गहरे मायने ने!
फिर 'खामोशी' में गुलज़ार ने आखों की महकती खुश्बू से
महकाया सारे देश को अपने मोहक और लुभावने लफ़्ज़ों से!

फिर 197१ में गुलज़ार ने 'मेरे अपने' फिल्म का निर्देशन किया
बेरोज़गार युवा पीढ़ी को फिल्म के माध्यम से ज़रूरी संदेश दिया!

आज भी वोही फिल्म की कहानी देश के चप्पे चप्पे पे
मिलेगी
बेरोज़गारी से लिप्त है भारत आज भी ये बात सबको
खलेगी!
कोशिश, नमकीन, आँधी, से आपने निर्देशन का 'परिचय'
दिया
एक उम्दा शायर से लेकर एक उम्दा निर्देशक सा सफ़र
तय किया!

गुलज़ार का पंचम दा और संजीव कुमार के साथ मजबूत
याराना रहा
तीनों का एक साथ काई फिल्मों में जबरदस्त दौर और
ज़माना रहा!
मासूम, घर, जैसी फिल्मों के गीतों से 'मौसम' सदा
शायराना रहा
इज़्जाजत, गोलमाल, घरौंदा, खट्टा-मीठा जैसे फ़िल्मो के
गीतों से
प्रफुल्लित हुआ जीवन हमारा और हमारे खुश रहने का एक
बहाना रहा!
भारत के गली गली में गूँजता गुलज़ार जी का ही तराना
रहा!
आनंद, नमक हराम, मासूम जैसी फ़िल्मो में गुलज़ार के
संवाद लेखन से
संघर्ष से भरी ज़िंदगी की कहानी का बुनता ताना-बाना और
फसाना रहा!

गुलज़ार साहब ने अनेक टीवी सीरियल्स के लिए भी

अनोखा योगदान किया
किरदार, मिर्ज़ा गॅलाइब, 'तहरीर मुँनशी प्रेमचंद की' को अंजाम दिया!
जंगल-बुक, 'पोटली बाबा की', मकड़ी में बच्चों के लिए गाने लिखे
एक गुलज़ार के रूप हज़ार पर हर रूप में वे हमें अनोखे दिखे!
जन्म-दिन मुबारक हो, आप हो लाजवाब यही हमारा कहना है
उम्र हो गुलज़ार की हज़ार के पार, यही हम सब की दिली-तमन्ना है!

38. जन्म दिन मुबारक हो, भाईजान

आज की यादगार तारीख है 27 डिसेंबर
आगमन हुआ जब भाईजान का धरती पर!
बस होने वाली है नये साल की शुरूवात
और पहले ही मिल गयी 'भारत' को सौगात!
झूम उठा है पूरा देश भाई के स्वागत में
जैसे किसी अवतार ने लिया था जन्म भारत में!

भाग्यश्री के साथ सलमान की फिल्म थी वो 'मैने प्यार किया'
जब भोले भले सूरत वाले सलमान ने कामयाबी हासिल किया
और हर लड़की ने सलमान भाई पर दिल-ओ-जान वार दिया
'तेरे नाम' देखकर रोना हो या
'अंदाज़ अपना अपना' देखकर हँसना
हर अंदाज़ में सलमान ने जादू दिखाया अपना!

सलमान भाई के चाहने वाले हैं हम
कोई कहता है 'हम दिल दे चुके सनम'
तो कोई कहता है 'हम हैं आपके कौन'

कभी बन गये 'करन अर्जुन' के करन!
तो कभी सुल्तान, टाइगर या बॉलीवुड के दबंग!
'प्यार किया तो डरना क्या' में छाए काजोल के संग!

हर हिन्दुस्तानी कहता है 'बजरंगी भाईजान' से
'मैने प्यार किया' बेपनाह और बेइंतहा भाईजान से!
'तेरे नाम' जीवन करके हुए हम हर गम से अंजान से!
मुंबई में रहते हैं भाई हमारे शान से
पर दिल में रहते हैं वो पूरे हिन्दुस्तान के!
हज़ारों कुर्बान हैं भाई जैसे नेक दिल इंसान पे!

39. Smiling Stars

How big the world is?
Can you tell me this?
How small the stars look
But huge they are in fact
Says the book

At night the stars are automatically lit
How strange it is, isn't it?
When from the bed rises the Sun
The stars go to sleep one by one!

My Daddy says the stars are countless
But they can't be more than a thousand
Is what i really guess!
My sister had once said
When heart beat stops man is dead
Likewise a logic strikes
The twinkling of the stars
Is beating of their hearts

Indicating that they are all alive!

My mom says after people die
they become stars
and its a certain law of nature!
Then why do people fear to die
When life on sky
would be a real adventure!

When i happen to die
I will carry with me
Everything needed to play cricket
The ball, the bat, the pad, and the wicket
It you wish to come
You are most welcome!

You see that star just at the end
Looks like my beloved friend
Who left me alone back two years
Only to feel lonely and shed tears!

We would gather others and play cricket
They would set and we wud chase the target

Above the big clouds the stars stay
So rains wud no more delay the play!

We wont play during the day
But at night under the white moonlight
A life free from study
What a wonderful thought
Only I would miss
Maths a lot!

40. Albert Einstein

Born on March 14 Eighteen Seventy-Nine
Was the Enigma and genius of all time
Innumerable contributions he made to Science
He was Incredible and Super Albert Einstein

At an early age when he saw the marine compass
About the Invisible forces, he felt conscious
When he saw the needle moving in different directions
The neurons of his brain started making connections

With his curious mind, he looked at nature's mystery
Very soon he mastered physics, calculus, and geometry
Since childhood was fond of playing the violin
And yes he was a kind and passionate human being

And then one day he introduced the theory of relativity
Which was beyond the world's thinking capacity
The theory said mass and time are relative and change
With velocity, which people found queer and strange

Contrary to the laws and concepts of Sir Issac Newton
Einstein said Light's velocity is fixed in a given medium
Space and Time are relative and always vary with the velocity
And he even challenged Newton's concepts of instantaneous gravity

And then Einstein discovered the mass-energy equivalence
The famous relation was unfolded thanks to his excellence
Many of His concepts like the photoelectric effect and time-dilation

Is being used in solar-cell and accurate GPS calculation

A great Human-Being born with amazing intellect
He was a gift to mankind to whom to we all respect
With the bottom of our hearts and depth of mind
Never would the world get one more of his kind!

www.ingramcontent.com/pod-product-compliance
Lightning Source LLC
Chambersburg PA
CBHW030858120726
48008CB00002B/34

* 9 7 9 8 8 9 6 9 9 6 5 3 8 *